Impressum
Verlag: BABADADA GmbH, Nedderfeld 112 , 22529 Hamburg
Geschäftsführer / Verlagsleitung: Harald Hof
Druck: Books on Demand GmbH, In de Tarpen 42, 22848 Norderstedt

Imprint
Publisher: BABADADA GmbH, Nedderfeld 112 , 22529 Hamburg, Germany
Managing Director / Publishing direction: Harald Hof
Print: Books on Demand GmbH, In de Tarpen 42, 22848 Norderstedt

école

sikolwa

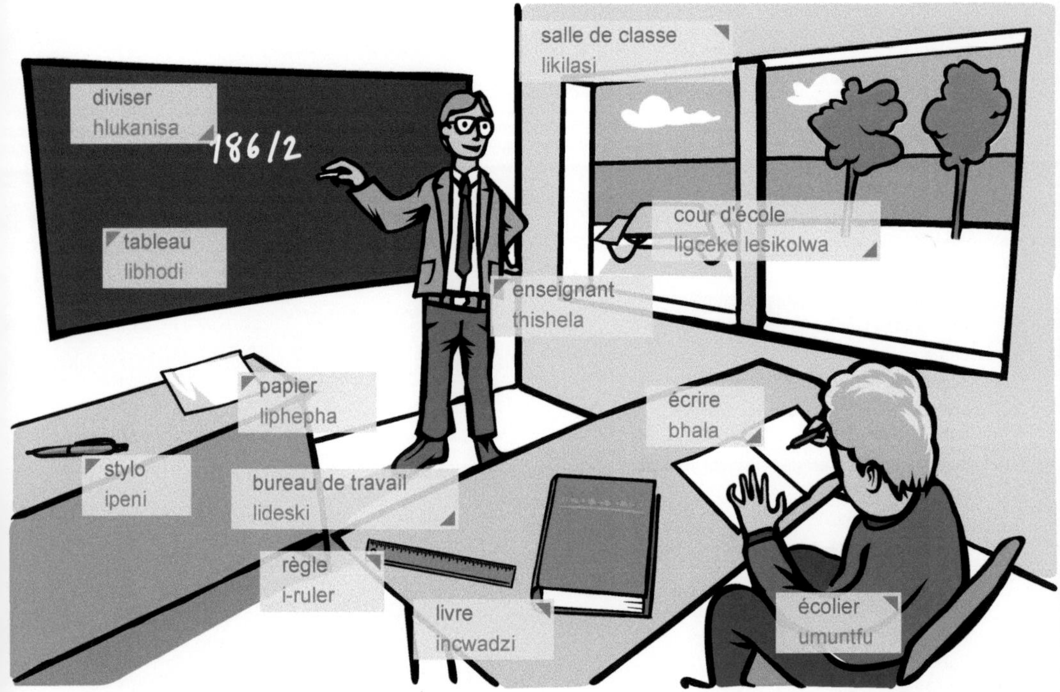

salle de classe
likilasi
diviser
hlukanisa
186/2
tableau
libhodi
cour d'école
ligceke lesikolwa
enseignant
thishela
papier
liphepha
écrire
bhala
stylo
ipeni
bureau de travail
lideski
règle
i-ruler
livre
incwadzi
écolier
umuntfu

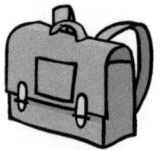

sac d'écolier

sikhwama setincwadzi tesikolwa

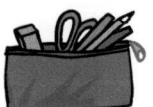

trousse

sikhwanyana semapenisela

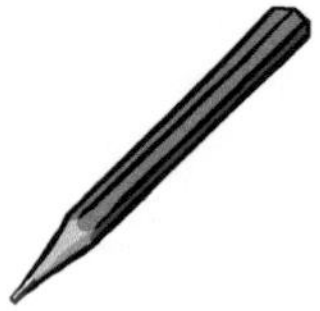

crayon

ipenisela

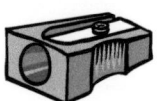

taille-crayon

umshini wekulolo ipenisela

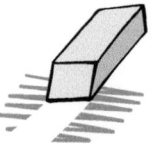

gomme à effacer

i-rubber

bloc de papier à dessin

intfo yekudvweba

dessin

umdvwebo

pinceau

libhulashi lekupenda

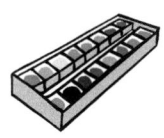

boîte de peintures

libhokisi lekupenda

ciseaux

tikelo

colle

i-glue

cahier d'exercices

incwadzi yekutadisha

devoirs

umsebenti wasekhaya

chiffre

inombolo

additionner

hlanganisa

soustraire

susa

multiplier

phindzaphidza

calculer

bala

lettre

incwadzi

alphabet

feleba

mot

ligama

texte

umbhalo

lire

fundza

craie

ishogo

leçon

sifundvo

le cahier de notes

i-register

examen

sivivinyo sekugcina

certificat

sitifiketi

uniforme scolaire

timphahla tesikolwa

éducation

imfundvo

encyclopédie

i-ensaklopheda

université

inyuvesi

microscope

sipopolo

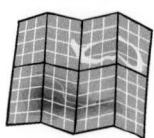

carte

libalave

corbeille à papier

libhakede lekulahla
emaphepha

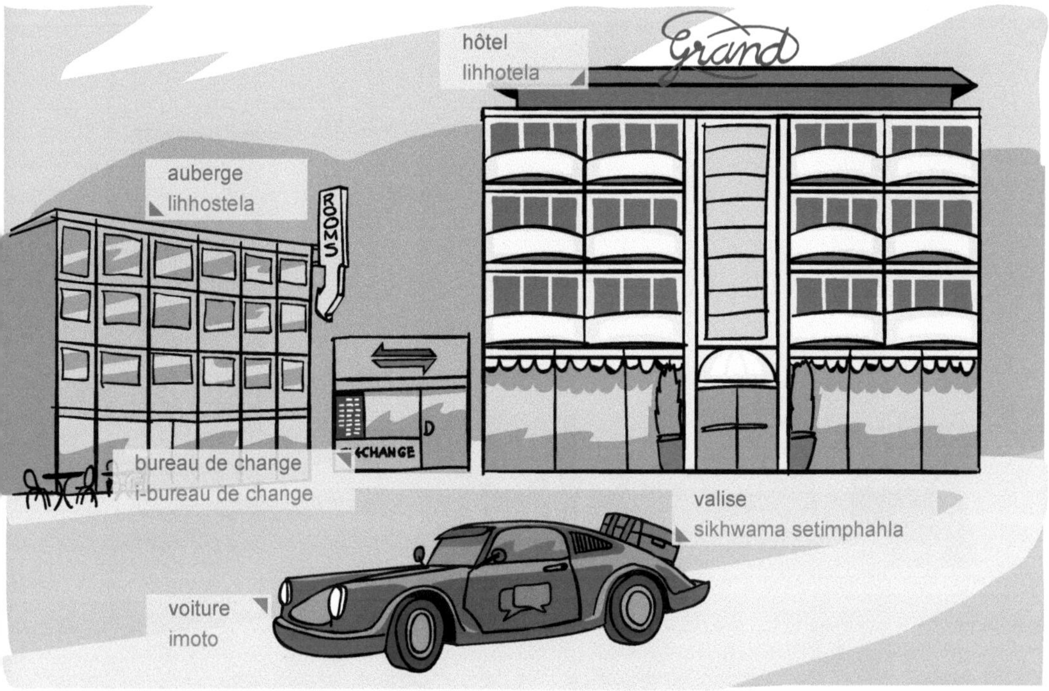

hôtel
lihhotela

Grand

auberge
lihhostela

ROOMS

bureau de change
i-bureau de change

EXCHANGE

valise
sikhwama setimphahla

voiture
imoto

langue

lulwimi

oui / non

yebo / cha

okay...

Okay

Kulungile

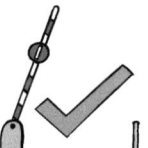

Allo!

sawubona

traducteur

umhumushi

Merci

Siyabonga

Combien coûte...?

ingumalini i....?

Je ne comprends pas

angivisisi kahle

problème

inkinga

Bonsoir !

Lishonile!

Bonjour !

Kusile!

Bonne nuit !

Ulale kahle!

bye bye

sala kahle

direction

sicondziso

bagages

umtfwalo

sac

sikhwama

sac à dos

sikhwama lesigacwako

invité

sivakashi

pièce

likamelo

sac de couchage

sikhwama sekulala

tente

lithende

bureau d'information touristique
imininingwane yetivakashi

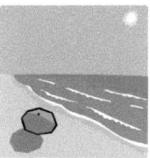

plage
ibhishi

carte de crédit
likhadi lemali

déjeuner
kudla kwasekuseni

dîner
kudla kwasemini

souper
kudla kwantsambama

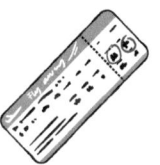

billet
lithikithi

ascenceur
i-lift

timbre
sitembu

frontière
umcele

douane
emakhasimende

ambassade
i-embasi

visa
i-visa

passeport
ipasipoti

transport
kwetfutsa

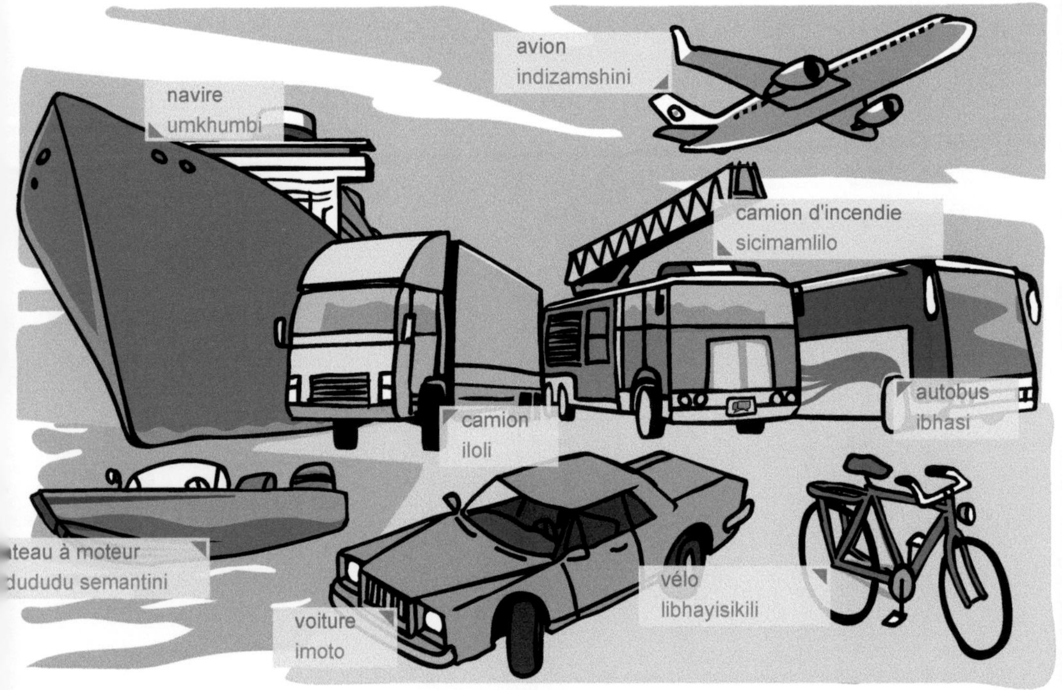

avion
indizamshini
navire
umkhumbi
camion d'incendie
sicimamlilo
autobus
ibhasi
camion
iloli
teau à moteur
dududu semantini
vélo
libhayisikili
voiture
imoto

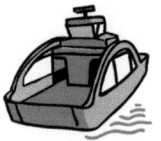

traversier

i-ferry

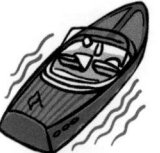

bateau

sikebhe

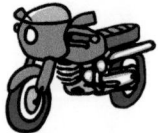

motocyclette

sidududu

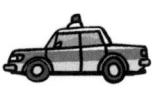

voiture de police

imoto yemaphoyisa

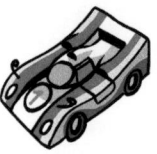

voiture de course

imoto yemjaho

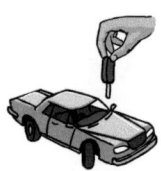

voiture de location

imoto yekucashisa

autopartage

kubolekana imoto

dépanneuse

i-breadown

camion à ordures

iloli yetibi

moteur

imoto

carburant

phethiloli

station-service

ligalaji laphethiloli

panneau de signalisation

luphawu lwemgwaco

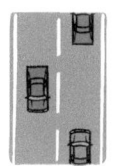

circulation

incumbi yetimoto

embouteillage

incumbi yetimoto letime
emngwacweni

parc de stationnement

ipaki yemoto

gare

siteshi sesitimela

voies ferrées

imizila

train

sitimela

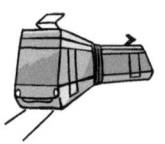

tramway

i-tram

wagon

inkalishi

hélicoptère

indiza lenaphephela emhlane

aéroport

sikhungo setindiza

tour

imoto yekudvonsa letibhajiwe

passager

bagibeli

conteneur

intfo yekutfwala

boîte en carton

likhathoni

chariot

i-cart

panier

bhasikidi

décoller / atterrir

kusuka / kwehla

ville
lidolobha lelikhulu

village

umuti

centre-ville

ekhatsi nelidolobha

maison

indlu

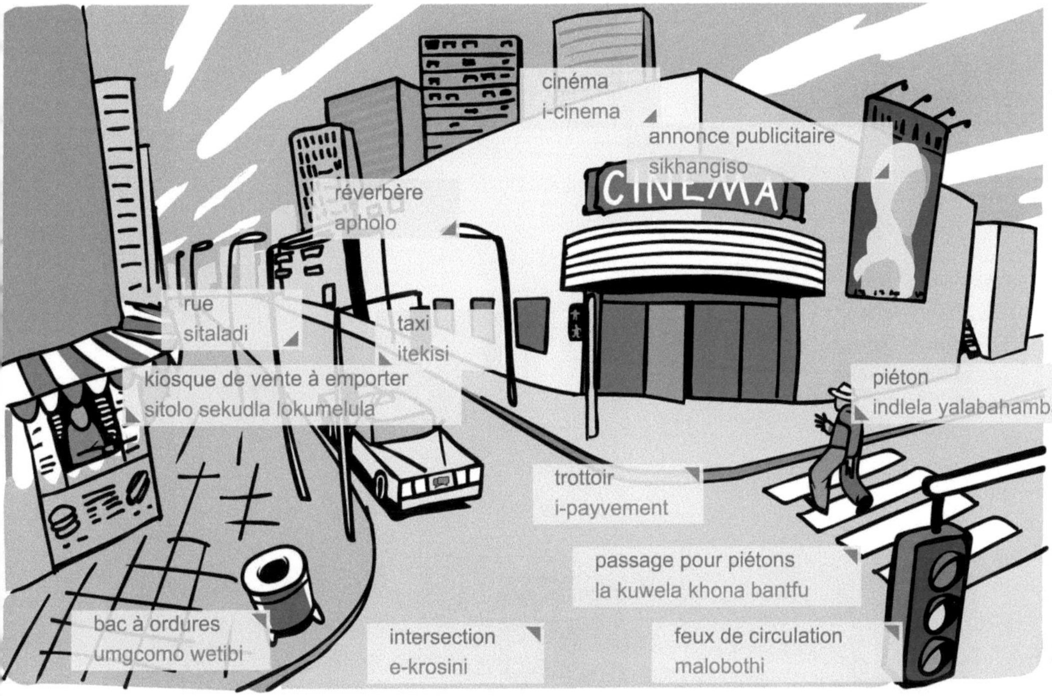

cinéma
i-cinema

annonce publicitaire
sikhangiso

réverbère
apholo

CINEMA

rue
sitaladi

taxi
itekisi

kiosque de vente à emporter
sitolo sekudla lokumelula

piéton
indlela yalabahamba

trottoir
i-payvement

passage pour piétons
la kuwela khona bantfu

bac à ordures
umgcomo wetibi

intersection
e-krosini

feux de circulation
malobothi

cabane

gucasthandaze

appartement

lifulethi

gare

siteshi sesitimela

hôtel de ville

lihholwa lasedolobheni

musée

imnyusiyamu

école

sikolwa

université

inyuvesi

banque

libhange

hôpital

sibhedlela

hôtel

lihhotela

pharmacie

ikhemisi

bureau

lihhovisi

librairie

sitolo setincwadzi

magasin

sitolo

fleuriste

lotsengisa timbali

supermarché

isuphamakethe

marché

imakethe

grand magasin

litiko letitolo

poissonnerie

batsengisi betimfishi

centre commercial

luchungechuge lwetitolo

port

sikhungo

parc

lipaki

banc

libhentji

pont

libhuloho

escaliers

titezi

métro

ngephansi kwemhlaba

tunnel

umhume

arrêt d'autobus

siteshi sebhasi

bar

sitolo setjwala

restaurant

sitolo sekudla

boîte à lettres

libhokisi leliposi

plaque de rue

luphawu lwemgwaco

parcomètre

umshini lobala sikhatsi
sekupaka

zoo

i-zoo

bains publics

i-swimming pool

mosquée

lisontfo lemasulumane

ferme

lipulazi

pollution

kugcolisa umoya

cimetière

emathuna

église

lisontfo

aire de jeux

inkhundla yetemidlalo

temple

lithempeli

paysage
libala

feuille
licembe

panneau indicateur
luphawu lwemgwaco

chemin
indlela

pré
umshiya

pierre
litje

randonneur
lohamba indlela lendze ngetinyawo

arbre
sihlahla

rivière
umfula

herbe
tjani

fleur
imbali

vallée
sihosha

colline
ligcuma

lac
lidanyana

forêt
lihlatsi

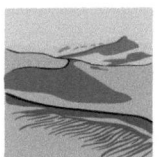

désert
lihlane

volcan
intsabamlilo

château
umhlambi wetinkhomo

arc-en-ciel
umushi wenkhosatane

champignon
likhowa

palmier
sihlahla semphayini

moustique
imbuzulwane

mouche
kundiza

fourmi
intfutfwane

abeille
inyosi

araignée
sayobi

scarabée

inkhubabulongo

grenouille

sicoco

écureuil

chakijane

hérisson

ingungumbane

lièvre

lolunye luhlobo lwalogwaja

chouette

sikhova

oiseau

inyoni

cygne

i-swan

sanglier

ingulube yesiganga

cerf

inyamatane

orignal

i-moose

barrage

lidamu

éolienne

i-wind turbine

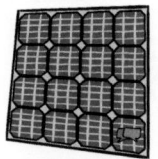

panneau solaire

i-solar panel

climat

simo selitulu

restaurant
sitolo sekudla

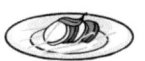

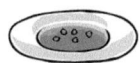

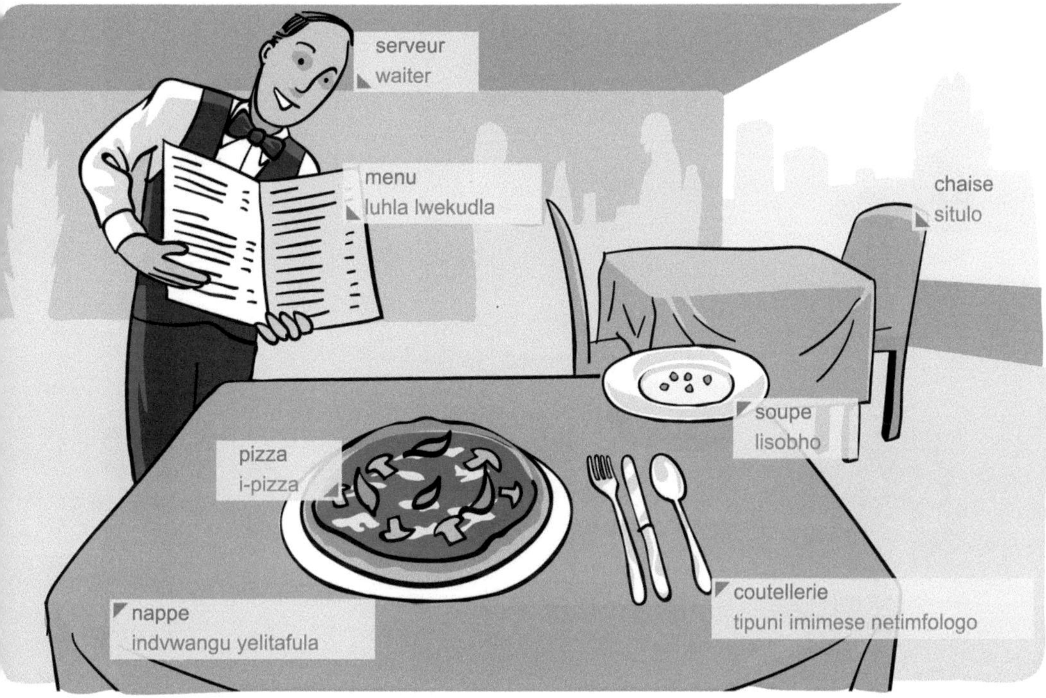
serveur
waiter
menu
luhla lwekudla
chaise
situlo
soupe
lisobho
pizza
i-pizza
nappe
indvwangu yelitafula
coutellerie
tipuni imimese netimfologo

hors-d'œuvre

kudla lokusicalo

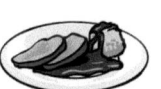

plat principal

kudla locinile

dessert

idizethi

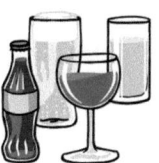

boissons

tinatfo

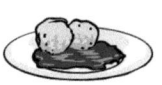

aliments

kudla

bouteille

libhodlela

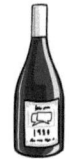

restauration rapide

kudla lokusheshako

cuisine de rue

kudla kwasemngwacweni

théière

ligedlela lelitiye

sucrier

indishi yashukela

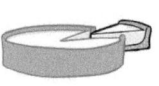

part

incenye

machine à expresso

umshini we-espresso

chaise haute d'enfant

situlo lesiphakeme

facture

ibhili

plateau

li-tray

couteau

umukhwa

fourchette

imfologo

cuillère

sipuni

cuillère à thé

sipuni lesincane

serviette

ithishu yetandla

verre

ligilasi

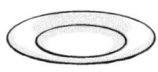

assiette

lipuleti

assiette creuse

lipuleti lelisobho

soucoupe

lipringi

sauce

i-sauce

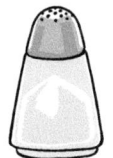

salière

libhodvo lasawoti

moulin à poivre

i-pepper mill

vinaigre

niniga

huile

emafutsa awoyela

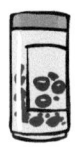

épices

tipayisi

ketchup

i-ketchup

moutarde

i-mustard

mayonnaise

mayonasi

supermarché
isuphamakethe

offre spéciale
lokusendalini
FOR
client
likhasimende
produits laitiers
indzawo yelubisi
fruit
titselo
chariot
i-trolley

BUTCHERS

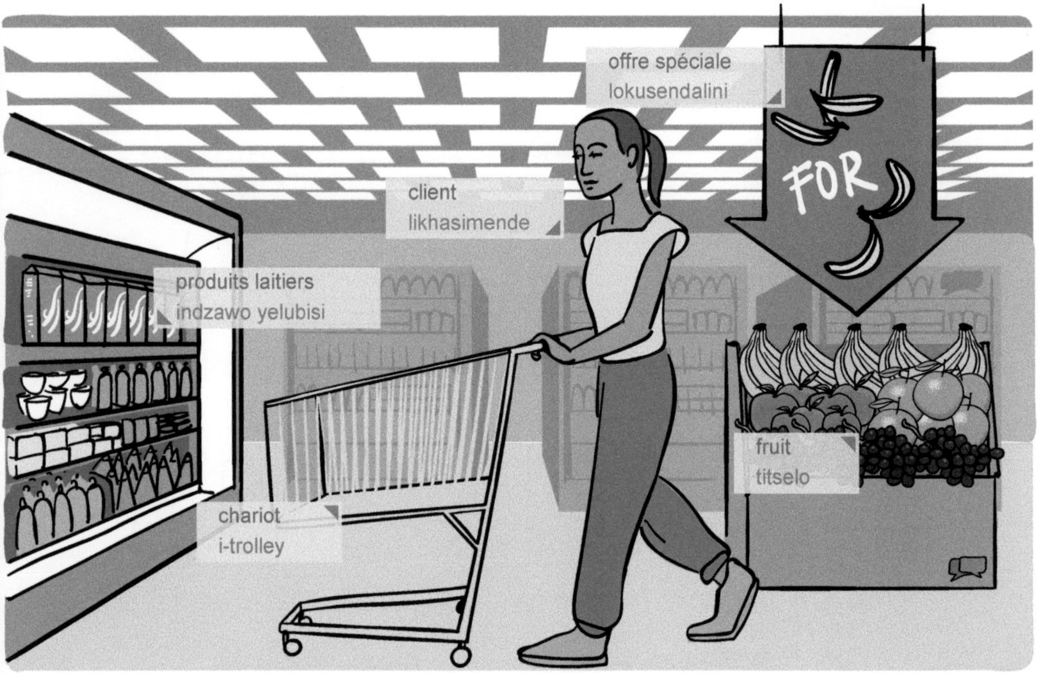

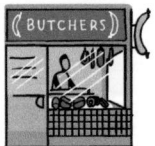

boucherie

ibhushari

BAKERY

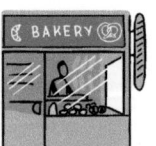

boulangerie

i-baker

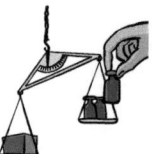

peser

kala

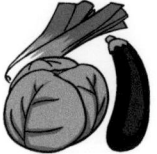

légumes

tibhidvo

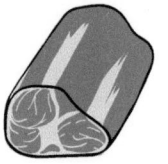

viande

inyama

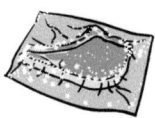

aliments congelés

kudla lokucandzisiwe

viandes froides

inyama lebandzako

conserves

kudla likusemathinini

détergent à lessive en poudre

insipho yekuwasha

sucreries

emaswidi

produits d'entretien ménager

tintfo tasekhaya

produits d'entretien

imitsi yekukolobha

vendeuse

umuntfu lotsengisako

caisse

endzaweni yekubhadala

caissier

umtsengisi

liste de provisions

luhla lwetintfo tekutsengwa

heures d'ouverture

ema-awa ekuvula

portefeuille

sipatji

carte de crédit

likhadi lemali

sac

sikhwama

sac plastique

sikhwama seshekhasi

eau

emanti

jus

ijuzi

lait

lubisi

cola

ikhokhi

vin

liwani

bière

ibhiya

alcool

tjwala

cacao

ikhokho

thé

litiye

café

likhofi

expresso

i-espresso

cappuccino

i-cappuccino

banane

bhanana

pomme

lihhabhula

orange

liwolintji

melon d'eau

melon

citron

ilemoni

carotte

emavondlela

ail

galiki

bambou

i-bamboo

oignon

anyanisi

champignon

emakhowa

noix

emantongomane

nouilles

ema-noodles

spaghettis

sipageti

riz

lilayisi

salade

isaladi

frites

emashibusi

pommes de terre sautées

emazambane lafrayiwe

pizza

i-pizza

hamburger

i-burger

sandwich

isengwishi

escalope

inyama lefulawe netimvitsi
tesinkhwa

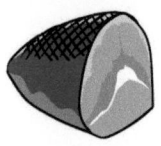

jambon

i-ham

salami

isalami

saucisse

livosi

poulet

inyama yenkhukhu

rôti

lokufrayiwe

poisson

imfishi

gruau d'avoine

i-oats

muesli

imusili

flocons de maïs

ema-cornflakes

farine

fulawa

croissant

ema-croissant

petit pain

sinkhwa

pain

sinkhwa

rôtie

linkhwa lesithosiwe

biscuits

emabhisikidi

beurre

bhotela

caillé

i-curd

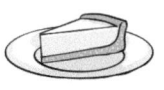

gâteau

likhekhe

œuf

emacandza

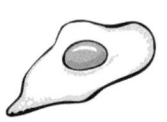

œuf miroir

emacandza lafulayiwe

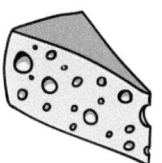

fromage

ishizi

crème glacée

i-ice cream

sucre

shukela

miel

luju

confiture

jamu

crème de nougat

shokolethi

cari

ikheri

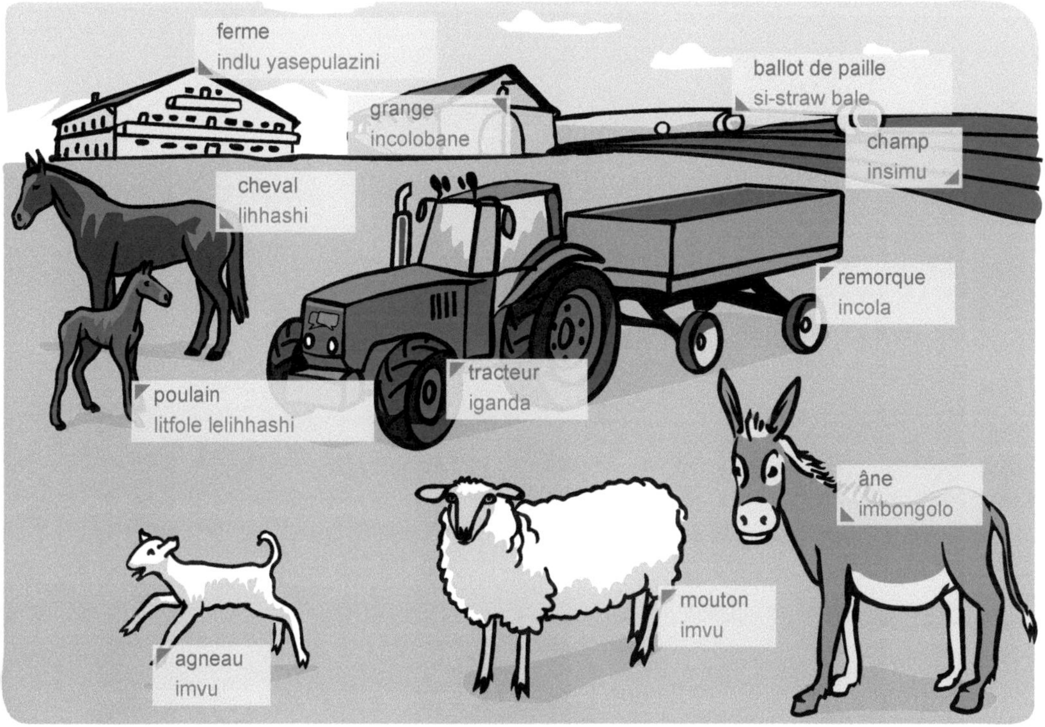

ferme
indlu yasepulazini

ballot de paille
si-straw bale

grange
incolobane

champ
insimu

cheval
lihhashi

remorque
incola

poulain
litfole lelihhashi

tracteur
iganda

âne
imbongolo

mouton
imvu

agneau
imvu

chèvre
....
imbuti

vache
....
inkhomo

veau
....
litfole

porc
....
ingulube

porcelet
....
ingulutjana

taureau
....
inkhunzi

oie

lihansi

canard

lidada

poussin

lintjwele

poule

sikhukhukati

coq

lichudze

rat

ligundvwane

chat

likati

souris

ligundvwane lelincane

bœuf

inkhunzi

chien

inja

niche

indlu yenja

tuyau d'arrosage

liphayiphi lemanti
asengadzini

arrosoir

libhakede lemanti

FALSE

i-scythe

charrue

likhuba leganda

faucille

lisikela

binette

likhuba

fourche à foin

imfologo yetjani

hache

lizembe

brouette

libhala

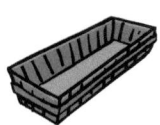

auge

litrofula

pot à lait

iromkani

grand sac

lisaka

clôture

ifenisi

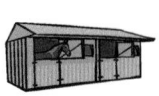

écurie

sitebele

serre

indlu leluhlata

sol

umhlabatsi

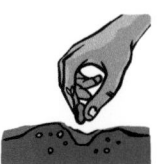

graines

imbewu

engrais

sivundzisi

moissonneuse-batteuse

bavuni

récolter

vuna

récolte

sivuno

igname

i-yams

blé

likhula

soja

isoyi

pomme de terre

lizambane

maïs

sibhuluja sembila

graine de colza

i-rapeseed

arbre fruitier

sihlahla setitselo

manioc

bhatata

grains

ema-cereals

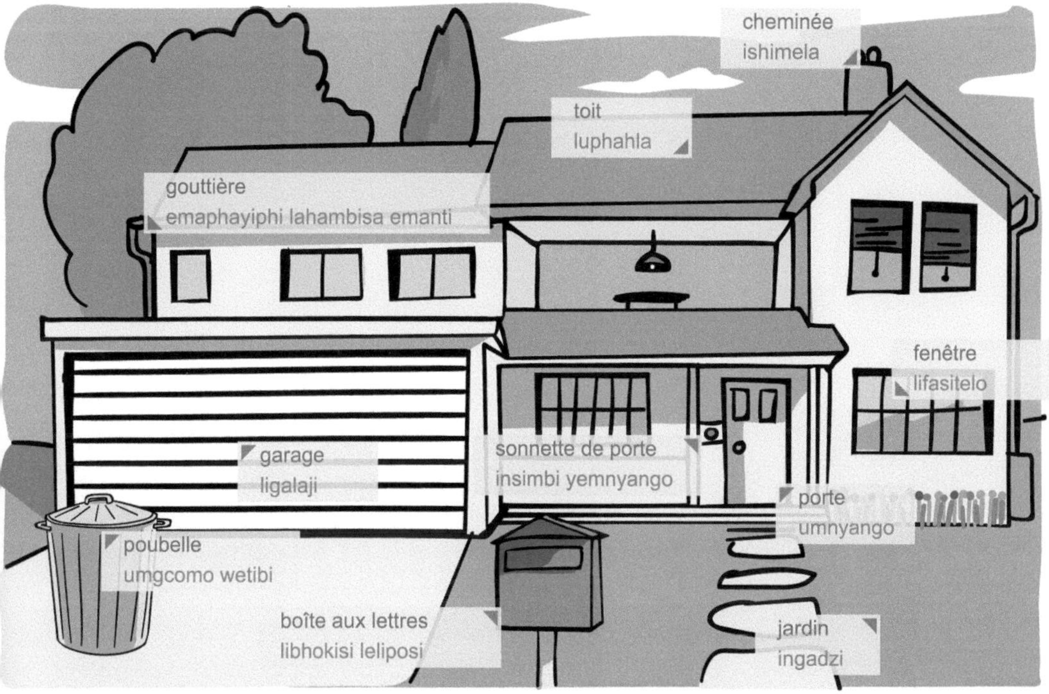

cheminée
ishimela

toit
luphahla

gouttière
emaphayiphi lahambisa emanti

fenêtre
lifasitelo

garage
ligalaji

sonnette de porte
insimbi yemnyango

porte
umnyango

poubelle
umgcomo wetibi

boîte aux lettres
libhokisi leliposi

jardin
ingadzi

salle de séjour

indzawo yamabonakudze

salle de bains

likamelo lekugezela

cuisine

likhishi

chambre à coucher

likamelo

chambre d'enfant

likamelo lemntfwana

salle à manger

ligumbu lekudlela

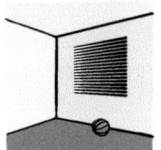

plancher
siyilo

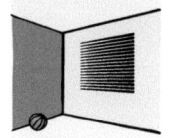

mur
lubondza

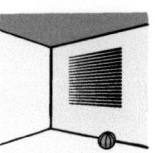

plafond
isilingi

cellier
i-cellar

sauna
i-sauna

balcon
umpheme

terrasse
libala

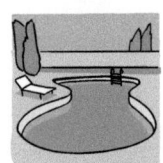

piscine
lidamu lekududa

tondeuse à gazon
umshini wetjani

drap
lishidi

jeté de lit
ibhedspredi

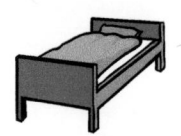

lit
umbhedze

balai
umshanelo

seau
libhakede

interrupteur
iswishi

salle de séjour
indzawo yamabonakudze

papier peint
i-wallpaper
tableau
sitfombe
lampe
sibane
étagère
lishelufa
armoire
likhabethe
télévision
mabonakudze
foyer
likahela
fleur
imbali
coussin
ikhushini
sofa
sofa
vase
ivasi
télécommande
irimothi

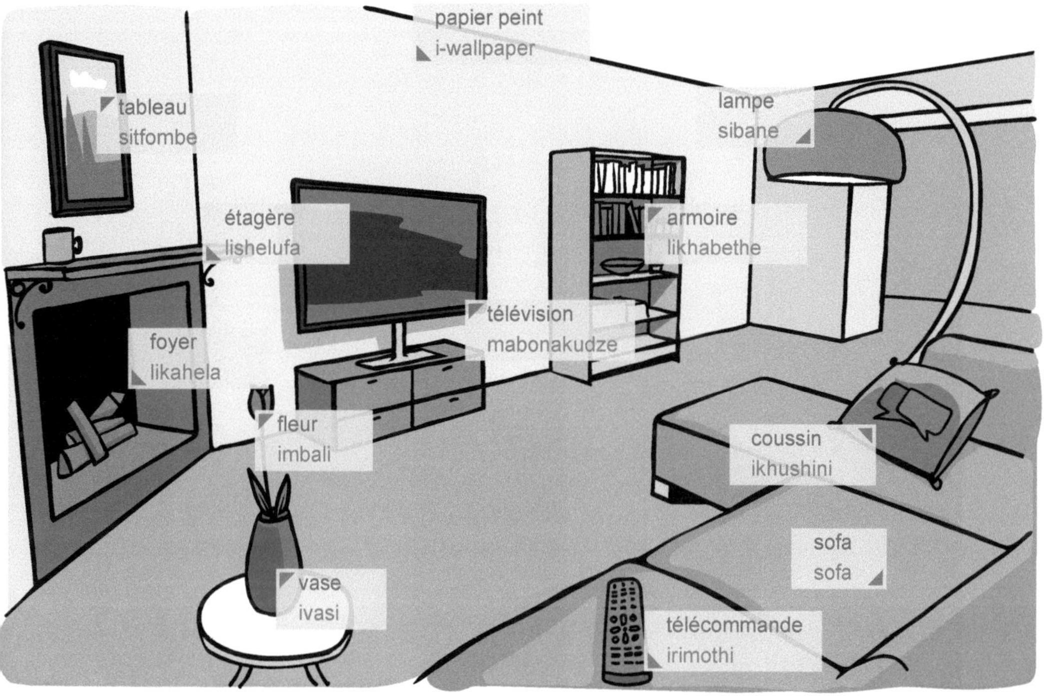

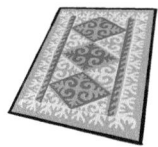

tapis

imadi yendlu

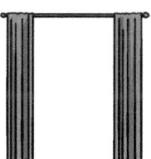

rideau

likhetheni

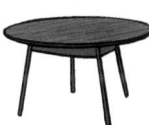

table

litafula

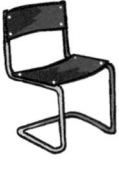

chaise

situlo

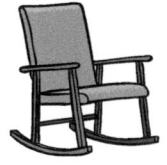

berceuse

situlo sangephandle

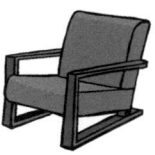

fauteuil

situlosemikhono

livre

incwadzi

couverte

ingubo

décoration

umhlobiso

bois de chauffage

tinkhuni tekubasa

film

lifilimu

chaîne hi-fi

igumbagumba

clé

tikhiya

journal

liphephandzaba

peinture

pende

affiche

likhadi laselubondzeni

radio

iwayilensi

bloc-notes

kwekutsa emaphuzu

aspirateur

i-hoover

cactus

sitjalo lokutsiwa yi-cactus

chandelle

likhandlela

cuisine
likhishi

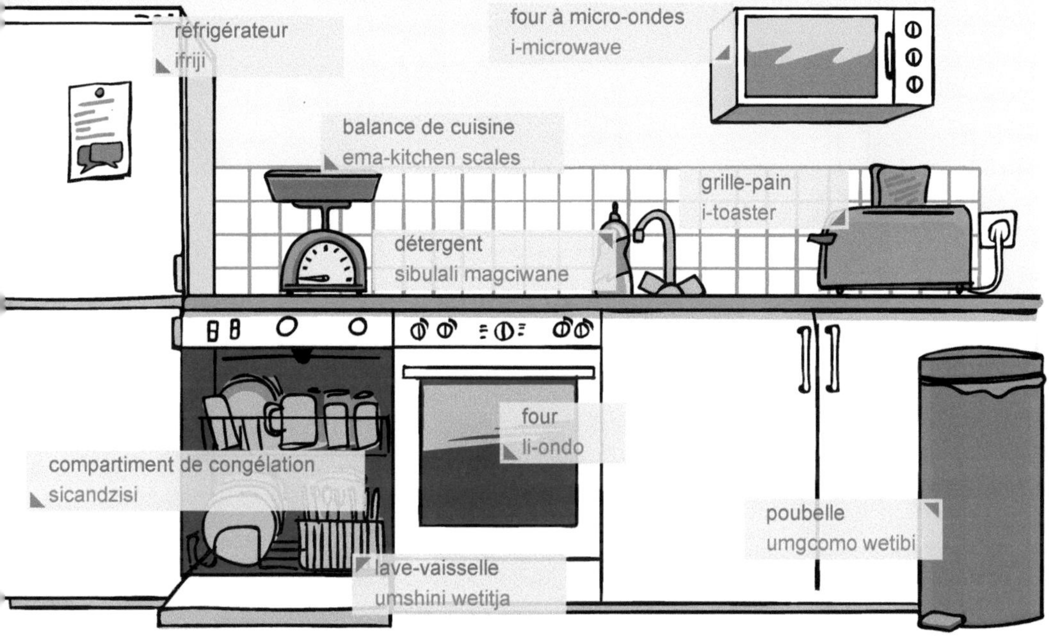
réfrigérateur
ifriji
four à micro-ondes
i-microwave
balance de cuisine
ema-kitchen scales
grille-pain
i-toaster
détergent
sibulali magciwane
four
li-ondo
compartiment de congélation
sicandzisi
poubelle
umgcomo wetibi
lave-vaisselle
umshini wetitja

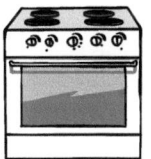

cuisinière
umpheki

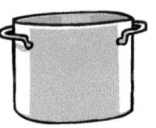

marmite
libhodvo

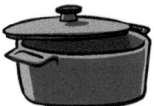

cocotte en fonte
i-cast-iron pot

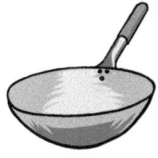

wok / kadai
i-wok /kadai

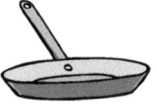

poêle
lipani

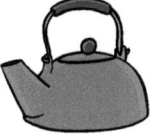

bouilloire
ligedlela

cuiseur à vapeur

i-steamer

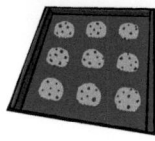

plaque à pâtisserie

lipani lekubhaka

vaisselle

i-crockery

grande tasse

imagi

bol

indishi

baguettes

tindvukwana tekujuba

louche

i-landle

spatule

si-spatula

fouet

i-whisk

passoire

i-strainer

tamis

i-sieve

râpe

i-grater

mortier

i-mortar

barbecue

i-barbecue

foyer

umlilo lovulekile

planche à découper
....
libhodi lekujuba kudla

rouleau à pâtisserie
....
i-rolling pin

tire-bouchon
....
i-corkscrew

boîte à conserves
....
likani

ouvre-boîte
....
lithulusi lekuvala likani

mitaine de four
....
intfo yekubeka emabhodvo

évier
....
izinki

brosse
....
libhulashi

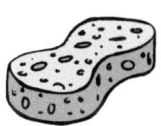

éponge
....
sipontji

mélangeur
....
i-blender

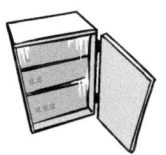

congélateur
....
i-deep freezer

biberon
....
libhodlela lemntfwana

robinet
....
impompi

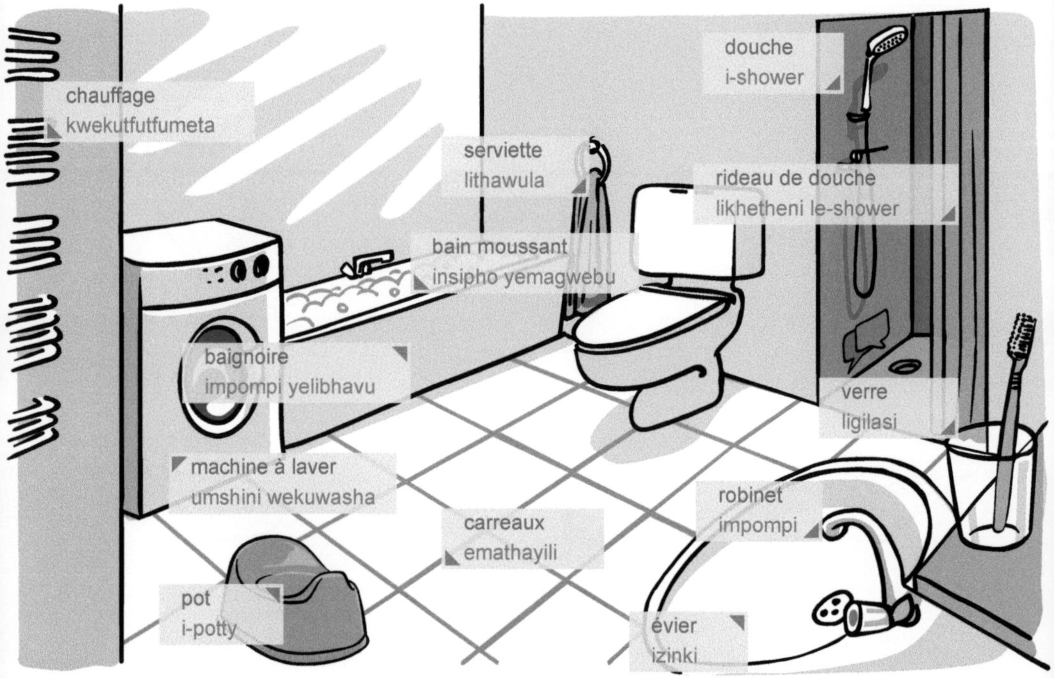

chauffage
kwekutfutfumeta

douche
i-shower

serviette
lithawula

rideau de douche
likhetheni le-shower

bain moussant
insipho yemagwebu

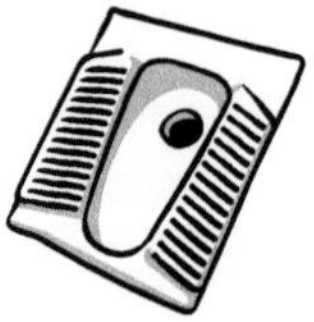

baignoire
impompi yelibhavu

verre
ligilasi

machine à laver
umshini wekuwasha

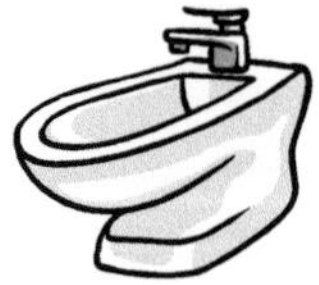

robinet
impompi

carreaux
emathayili

pot
i-potty

évier
izinki

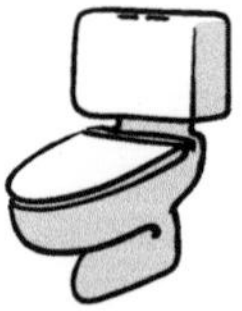

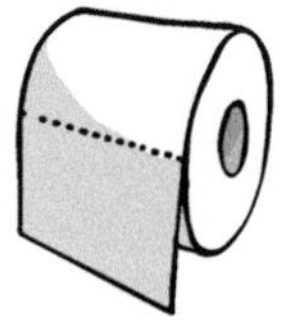

toilette	toilette turque	bidet
umthoyi	libhodvo lemthoyi	i-bidet

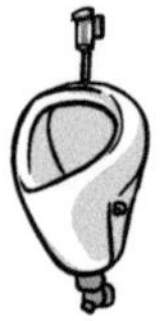 urinoir	papier hygiénique	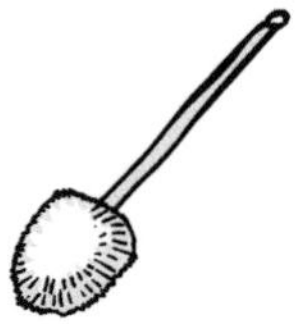 brosse à toilette
umnchamo	ithishu	libhulashi lemthoyi

brosse à dents

libhulashi lematinyo

dentifrice

insipho yematinyo

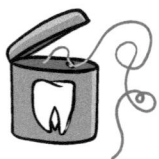

soie dentaire

intsambo yekuhlanta
ematinyo

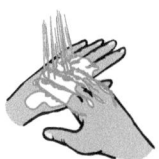

laver

washa

douchette

liphayiphu le-shower
lelibanjwa ngetandla

douche vaginale

i-douche

cuvette

i-basin

brosse pour le dos

libhulashi lemgogodla

savon

insipho lecinile

gel douche

i-gel ye-shower

shampoing

insipho yemagwebu

débarbouillette

i-flannel

drain

kwekuhambisa emanti

crème

i-cream

déodorant

emakha emakhwapha

miroir

sibuko

miroir à main

sibuko lesincane

rasoir

i-razor

mousse à raser

emagwebu ekushefa

après-rasage

kwegcobisa ngemuva
kwekushefa

peigne

i-comb

brosse

libhulashi

sèche-cheveux

kwekomisa tinwele

laque

kwekufutsa tinwele

maquillage

kwekutimomonya

rouge à lèvres

i-lipstick

vernis à ongles

pende wetingalo

ouate

i-cotton wool

ciseaux à ongles

sikelo setingalo

parfum

emakha

trousse de toilette

sikhwama setintfo tekugeza

tabouret

situlo

pèse-personne

sikali sesisindvo

peignoir

kwekugcoka nawugeza

gants de caoutchouc

emagilavu e-rubber

tampon

i-tampon

serviette hygiénique

lithawula lekuhlanta

toilette chimique

imitsi yekukolobha umthoyi

chambre d'enfant

likamelo lemntfwana

réveil
liwashi le-alamu
doudou
lithoyi lekudlala
petite voiture
lithoyizi lemoto
crécelle
i-rattle
maison de poupée
imipopi
cadeau
i-present

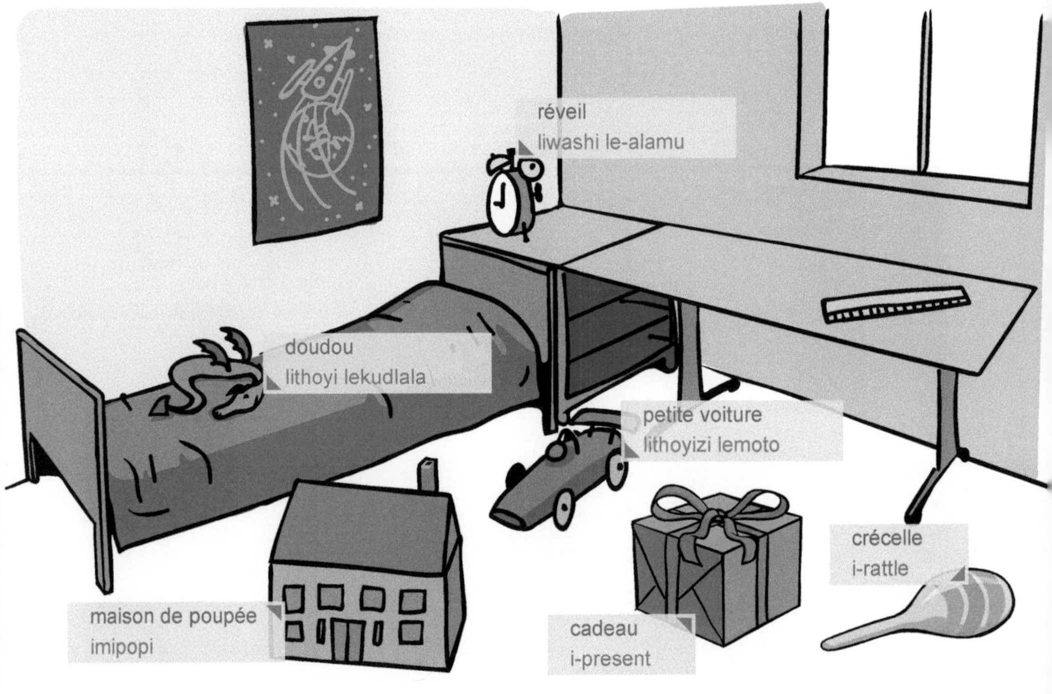

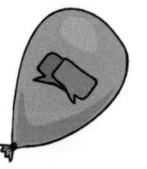

ballon

ibhaluni

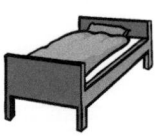

lit

umbhedze

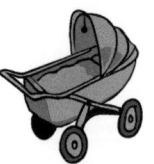

landau

ipram

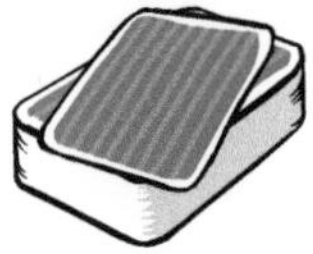

jeu de cartes

emakhadi ekudlala

casse-tête

i-jigsaw

SUPER
MEGA

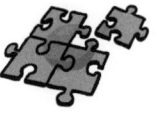

bande dessinée

i-comic

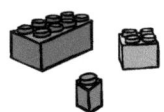

blocs LEGO

emabloko e-lego

jeu de briques

emabloko ekwakha

figurine articulée

i-actionfigure

dormeuse

kukhula kwemntfwana

disque volant

i-frisbee

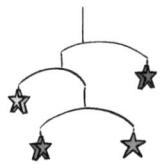

mobile

i-mobile

jeu de société

ibhodi yemdlalo

dé

lidayisi

ensemble de modèles de train

isethi yemathoyizi etitimela

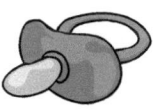

mannequin

i-dummy

fête

i-party

livre d'images

incwadzi yetitfombe

balle

ibhola

poupée

nodoli

jouer

dlala

bac à sable
....
umgodzi wemhlabatsi

balançoire
....
umjikeli

jouets
....
emathoyizi

console de jeu vidéo
....
umshini wemdlalo wema-video

tricycle
....
masondvontsatfu

ours en peluche
....
umdoli welibhele

garde-robe
....
ihhodrobhu

vêtements

timphahla tekugcoka

chaussettes
....
emakawosi

bas
....
ema-stockings

collant
....
umtjopi

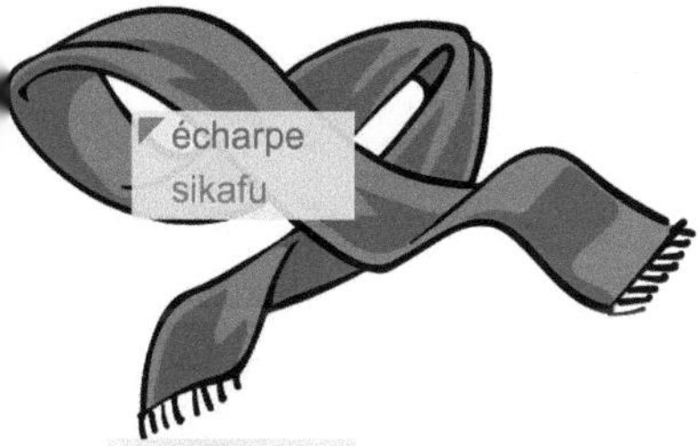

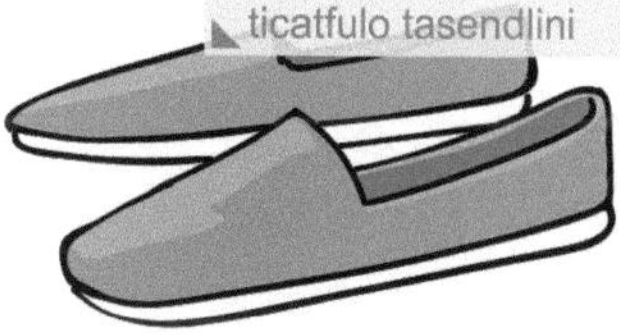

écharpe
sikafu

parapluie
sambulelo

T-shirt
tikibha

ceinture
libhande

pantoufles
ticatfulo tasendlini

bottes
emabhudzi

chaussures de sport
timphahla tekujima

sandales

tincabule

souliers

ticatfulo

bottes de caoutchouc

emabhudzi emvula

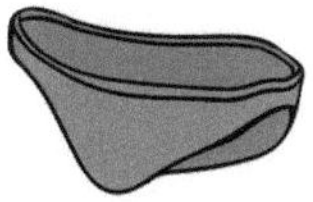

sous-vêtements

emabhuluko angephansi

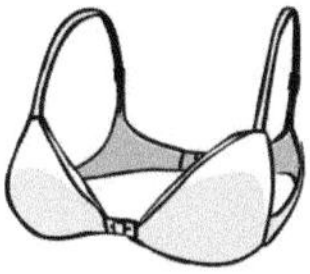

soutien-gorge

ibhodi

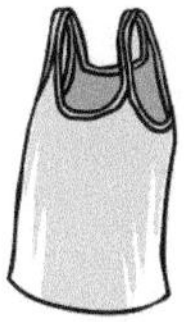

gilet

i-vest

body
umtimba

pantalon
emabhuluko

jean
ibhokathi

jupe
sikedi

chemisier
liblawosi

chemise
liyembe

chandail
i-pullover

chandail à capuche
i-hoodie

blazer
libhantji

veste
silamba

manteau
lijazi

manteau de pluie
lijazi lemvula

complet
i-costume

robe
lilogo

robe de mariée
likogo lemshado

tailleur

isudi

chemise de nuit

i-gown yasebusuku

pyjama

emabhijamu

sari

i-sari

foulard

sikafu

turban

i-turban

burqa

i-burqa

cafetan

i-kaftan

abaya

i-abaya

maillot de bain

timphahla tekududa

maillot short

ema-anda

culotte courte

emabhuluko lamafishane

survêtement

i-treksudi

tablier

liphinifa

mitaines

emaglavu

bouton

inkinobho

lunettes

tibuko

bracelet

buhlalu

collier

umgaco

bague

indandatho

boucle d'oreille

emacici

tuque

likepisi

cintre

i-hanger yelijazi

chapeau

sigcoko

cravate

thayi

fermeture à glissière

iziphu

casque

sivikelo senhloko

bretelles

kwekusekela sitfo semtimba

uniforme scolaire

timphahla tesikolwa

uniforme

inyunifomu

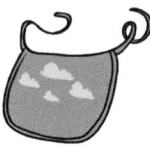

bavoir

i-bib

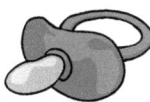

mannequin

i-dummy

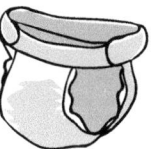

couche

linabukeli

bureau

lihhovisi

serveur
i-server
classeur
likhabethe lemafayela
imprimante
i-printer
papier
liphepha
moniteur
i-monitor
bureau de travail
lideski
souris
i-mouse
chemise
intfo yekugoca
clavier
i-keyboard
corbeille à papier
libhakede lekulahla emaphepha
ordinateur
ngconomshina
chaise
situlo

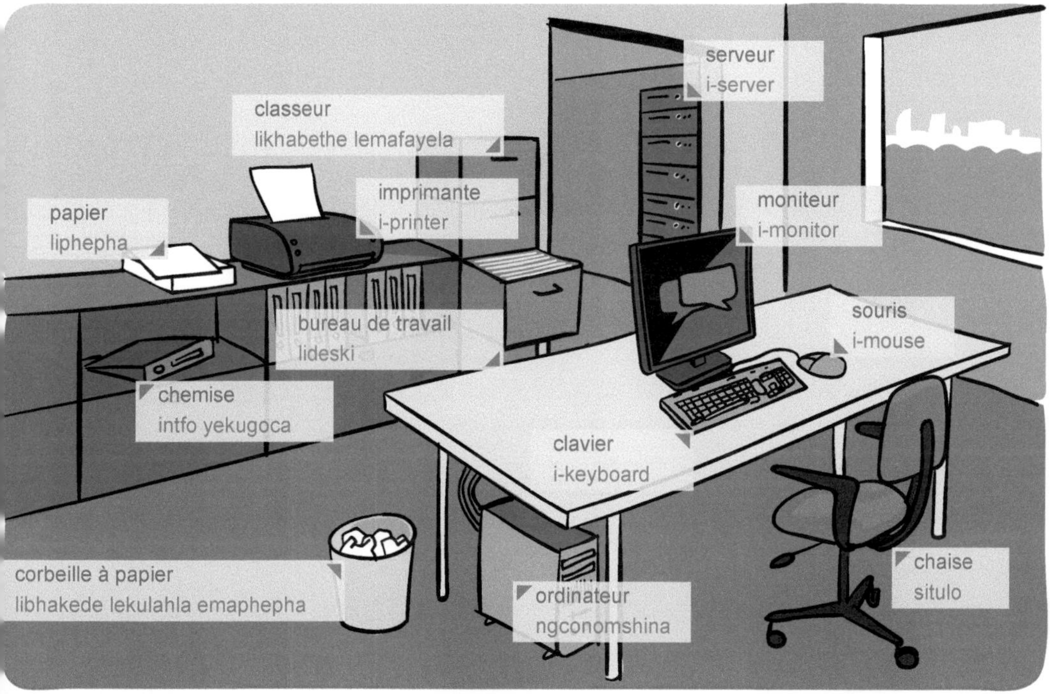

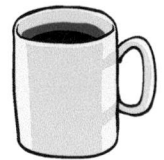

grande tasse à café

likomishi lelikofi

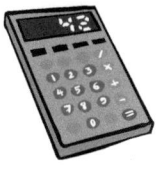

calculatrice

i-calculator

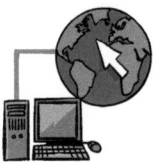

Internet

i-inthanethi

ordinateur portable

i-laptop

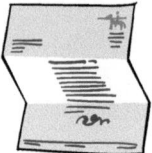

lettre

incwadzi

message

umlayeto

téléphone cellulaire

i-mobile

réseau

i-network

photocopieur

umshini wekwenta
emakhophi

logiciel

i-software

téléphone

lucingo

prise de courant

liplaliki lagesi

télécopieur

umshini wekufeksa

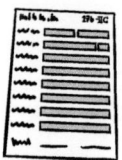

formulaire

lifomu

document

liphepha

acheter

tsenga

payer

bhadala

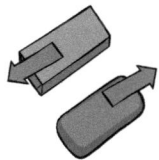

commercer

beka imali

argent

imali

dollar

li-dollar

euro

li-euro

yen

li-yen

rouble

li-rouble

franc suisse

i-Swiss franc

renminbi yuan

i-renminbi yuan

roupie

i-rupee

distributeur de billets

umshini wemali

bureau de change
i-bureau de change

or
ligolide

argent
lisiliva

pétrole
woyela

énergie
emandla

prix
linani

contrat
sivumelwano

taxe
umtselo

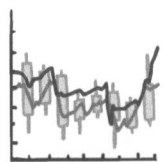

actions
sitoko

travailler
sebenta

employé
sisebenti

employeur
umcashi

usine
ifemu

magasin
sitolo

professions
tikhundla

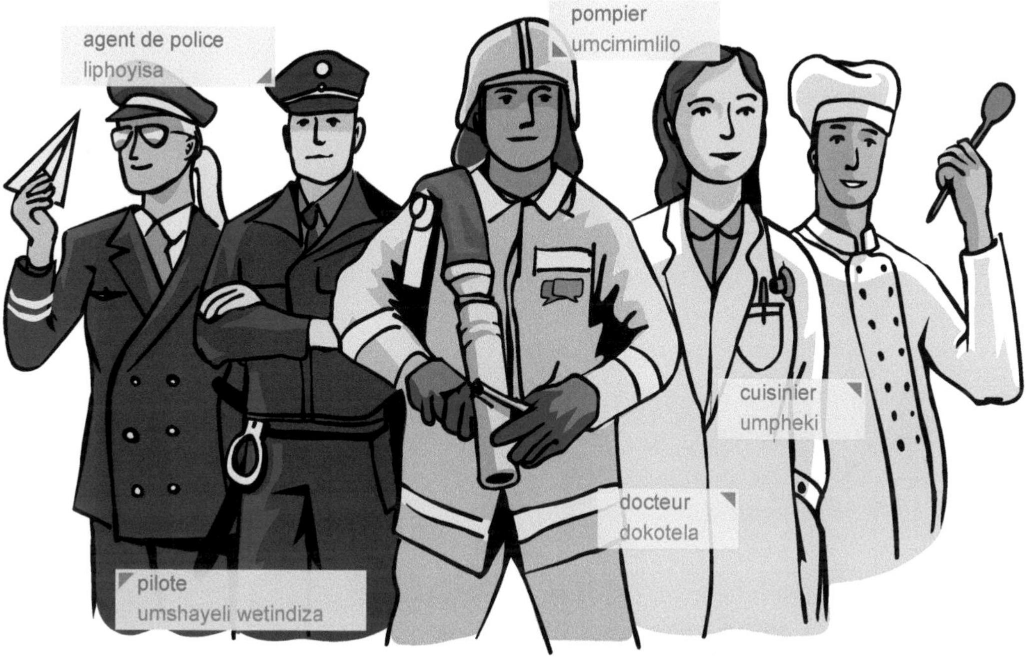
agent de police
liphoyisa
pompier
umcimimlilo
cuisinier
umpheki
docteur
dokotela
pilote
umshayeli wetindiza

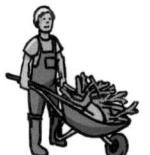

jardinier
losebenta engadzini

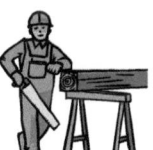

charpentier
ummbati

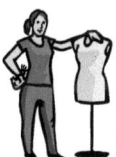

couturier
umtfungi

juge
mehluleli

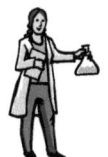

pharmacien
khemisi

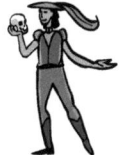

acteur
umlingisi

chauffeur d'autobus

umshayeli webhasi

chauffeur de taxi

umshayeli wekhumbi

pêcheur

umdvobi

femme de ménage

limedi

couvreur

umfuleli

serveur

waiter

chasseur

umtingeli

peintre

mapendani

boulanger

umbhaki

électricien

gesana

constructeur de bâtiments

meselane

ingénieur

sonjiniyela

boucher

umtsengisi wenyama

plombier

somaphayiphi

facteur

lohambisa liposi

soldat

lisotja

architecte

umdvwebi wemapulani

caissier

umtsengisi

fleuriste

umtsengisi wetimbali

coiffeur

losebenta ngetinwele

chef de train

umbhidisi

mécanicien

mekhenikha

capitaine

kaputeni

dentiste

dokotela wematinyo

scientifique

sosayensi

rabbin

rabi

imam

imam

moine

monk

ecclésiastique

umfundisi

professions - tikhundla

outils

emathulusi

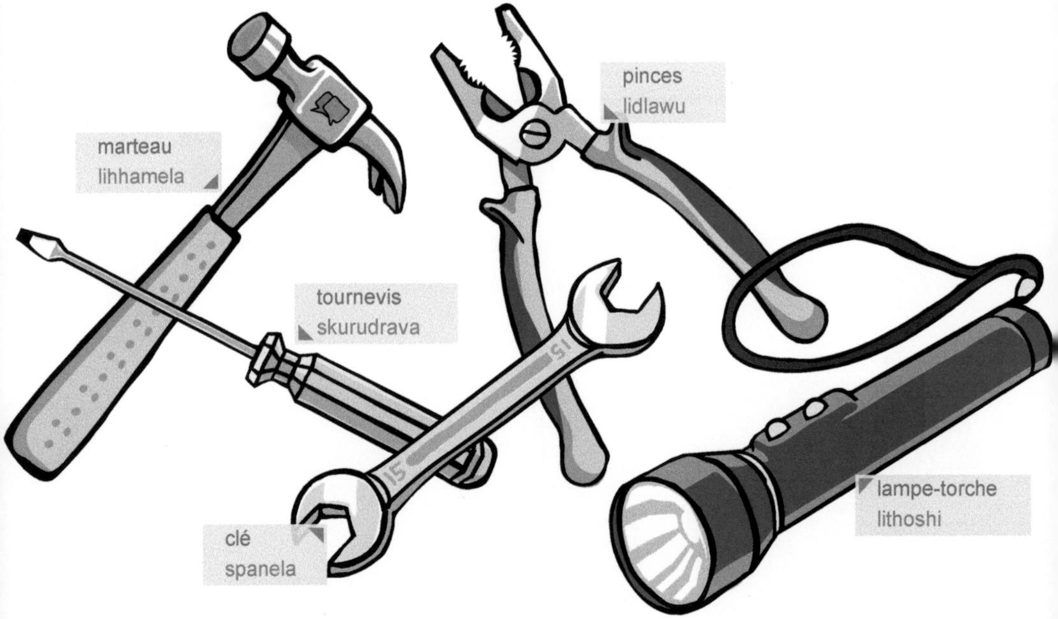
marteau
lihhamela
pinces
lidlawu
tournevis
skurudrava
clé
spanela
lampe-torche
lithoshi

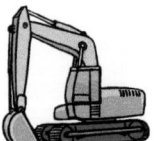

excavatrice

lifosholo

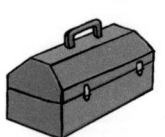

boîte à outils

libhokisi lemathulusi

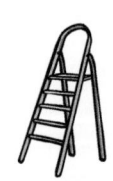

échelle

lilele

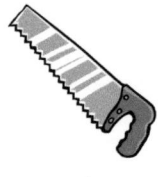

scie

lisaha

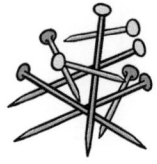

clous

tipikili

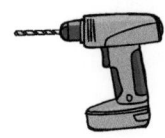

perceuse

umshini wekwenta timbobo

réparer

lungisa

pelle

lifosholo

tabarnouche

i-Damni!

pelle à poussière

lipani lekuwola tibi

pot de peinture

likani lapende

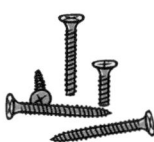

vis

tikruzi

instruments de musique
insimbi yemculo

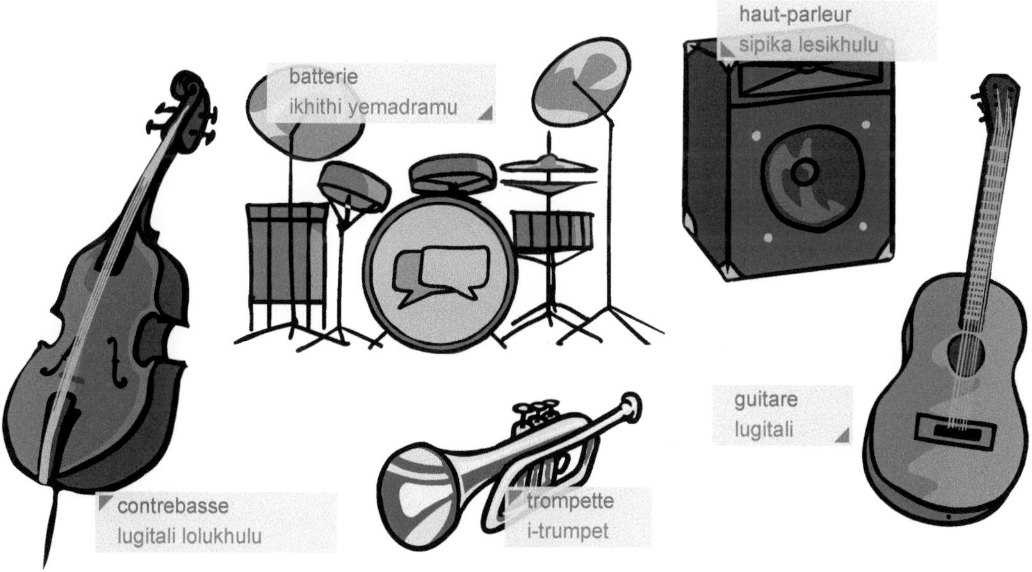

haut-parleur
sipika lesikhulu

batterie
ikhithi yemadramu

guitare
lugitali

contrebasse
lugitali lolukhulu

trompette
i-trumpet

piano

i-piano

violon

ivayolini

basse

ibhesi

timbales

i-timpani

tambour

emadramu

synthétiseur

i-keyboard

saxophone

i-saxohone

flûte

ifluthi

microphone

umbhobho

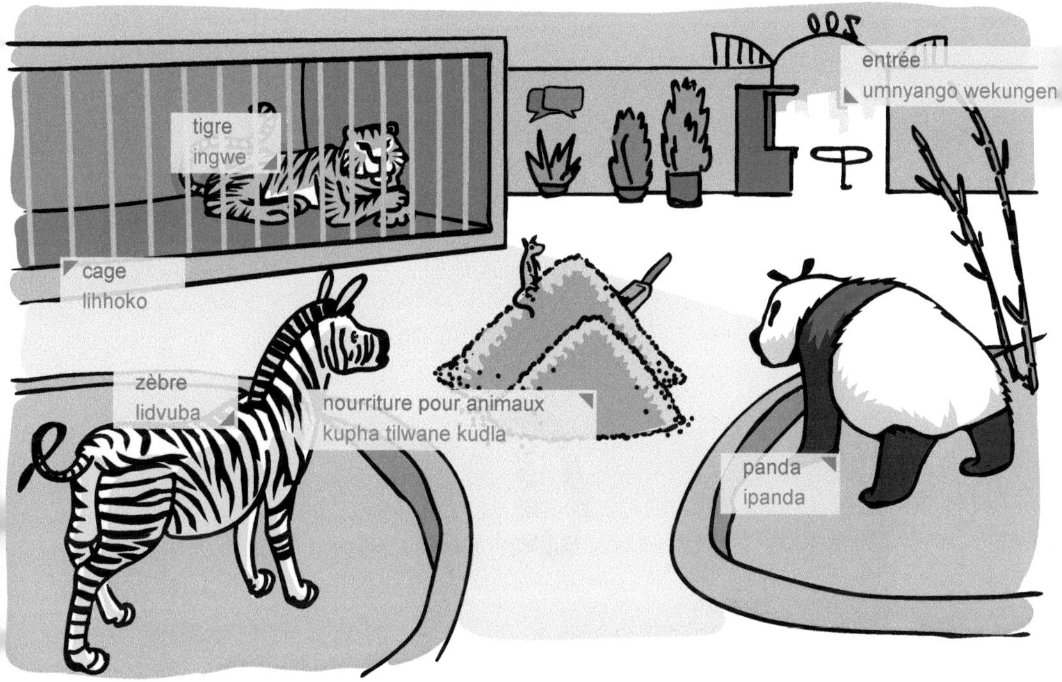

tigre
ingwe

entrée
umnyango wekungen

cage
lihhoko

zèbre
lidvuba

nourriture pour animaux
kupha tilwane kudla

panda
ipanda

animaux

tilwane

éléphant

indlovu

kangourou

ikangaru

rhinocéros

bhejane

gorille

igorila

ours

libhele

chameau

likamela

autruche

i-ostrishi

lion

libhubesi

singe

imfene

flamand rose

i-flamingo

perroquet

iparoti

ours polaire

libhele

pingouin

iphejini

requin

shaka

paon

iphigogo

serpent

inyoka

crocodile

ingwenya

gardien de zoo

umgcini tilwane

phoque

isili

jaguar

i-jaguar

poney

poni

léopard

ingwe

hippopotame

imvubu

girafe

indlulamitsi

aigle

lusweti

sanglier

ingulube yesiganga

poisson

imfishi

tortue

lifundvu

morse

i-warasi

renard

jakalazi

gazelle

inyamatane

football américain
libhola letinyawo laseMelika

cyclisme
umdlalo wemabhayisikili

tennis
itenesi

basketball
i-basketball

natation
kududa

boxe
umdlalo wetibhakela

hockey sur glace
umdlalo waselichweni

soccer	badminton	athlétisme
libhola letinyawo	i-badminton	tingijimi
handball	ski	polo
libhola letandla	umdlalo wekuntjuza	i-polo

sports - temidlalo

activités
imisebenti

sauter
gcuma
serrer dans les bras
gona
rire
hleka
marcher
hamba
chanter
hlabela
rêver
liphupho
prier
thantaza
embrasser
cabuza

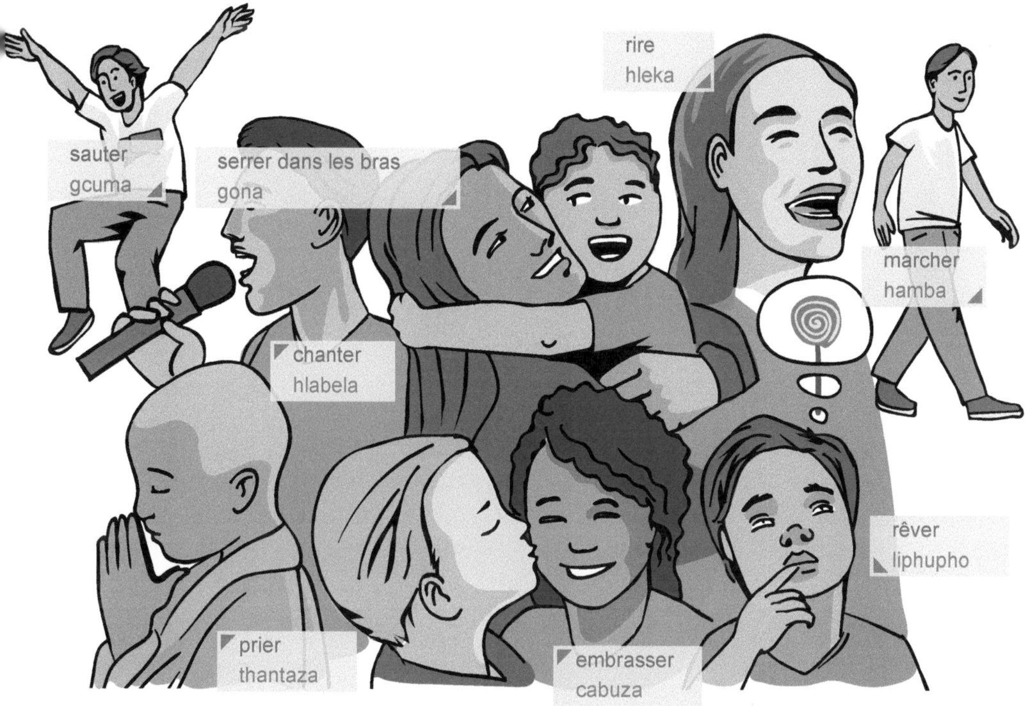

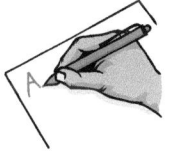

écrire
bhala

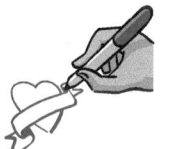

dessiner
tsatsa

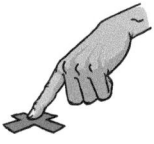

montrer
khombisa

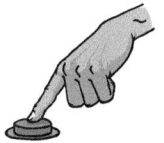

pousser
fuca

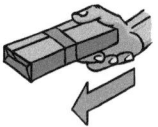

donner
nika

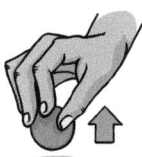

prendre
tsatsa

avoir

tsatsa

faire

yenta

être

be

être debout

sukuma

courir

gijima

tirer

dvonsa

jeter

jika

tomber

wani

s'allonger

cala emanga

attendre

mani

porter

tsatsa

s'asseoir

hlala

s'habiller

yembatsa

dormir

lala

se réveiller

vuka

regarder

buka

pleurer

khala

caresser

shaya

peigner

kama

parler

khuluma

comprendre

condza

demander

buta

écouter

lalela

boire

natsa

manger

dlani

ranger

gcogca

aimer

tsandza

cuisiner

pheka

conduire

shayela

voler

ndiza

faire de la voile
ntjuza

calculer
bala

lire
fundza

apprendre
fundza

travailler
sebenta

se marier
shada

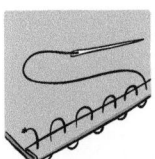

coudre
tfunga

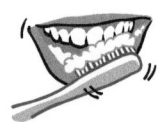

brosser les dents
kugeza ematinyo

tuer
bulala

fumer
bhema

envoyer
tfumela

famille

umndeni

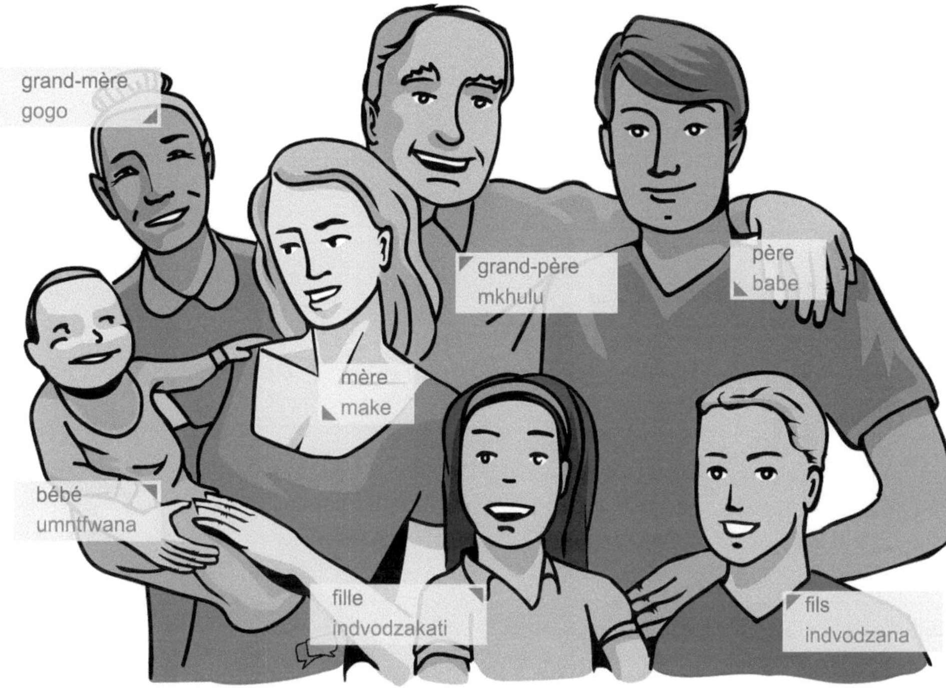

grand-mère
gogo
grand-père
mkhulu
père
babe
mère
make
bébé
umntfwana
fille
indvodzakati
fils
indvodzana

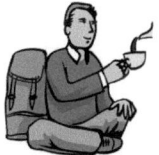

invité

sivakashi

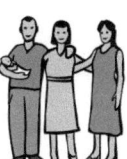

tante

anti

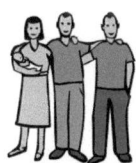

oncle

malume

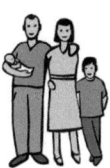

frère

umnaketfu

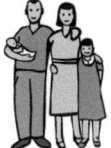

sœur

sisi

corps
umtimba

front
siphongo
œil
liso
visage
buso
menton
silevu
poitrine
libele
doigt
umuno
main
sandla
bras
umkhono
épaule
lihlombe
jambe
umbala

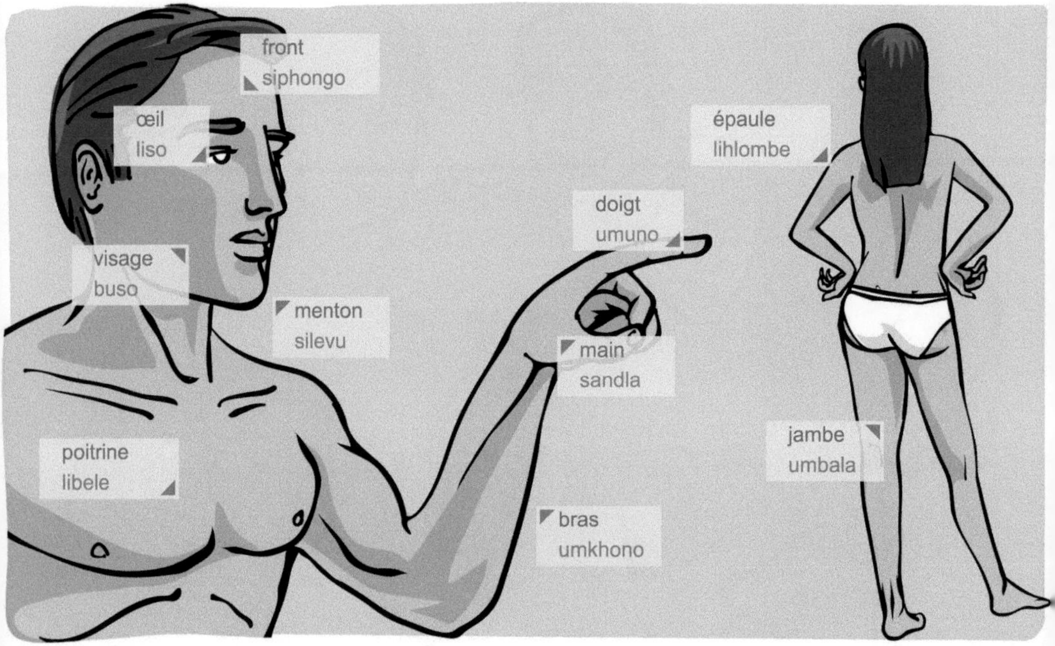

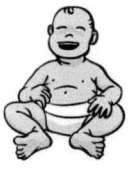

bébé
umntfwana

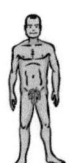

homme
indvodza

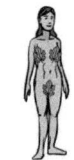

femme
umfati

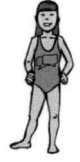

fille
intfombatane

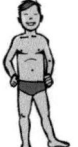

garçon
umfana

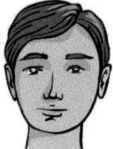

tête
inhloko

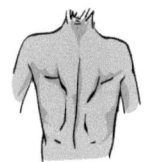

dos

emuva

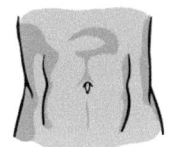

ventre

umkhatjana

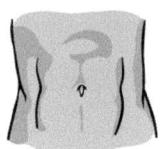

nombril

sibhono

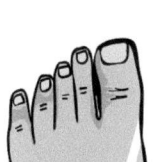

orteil

luzwane

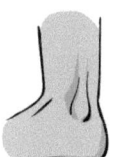

talon

sitsendze

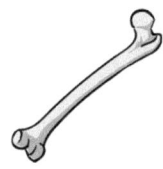

os

litsambo

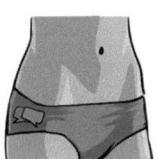

hanche

litsanga

genou

lidvolo

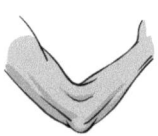

coude

ingcosa

nez

imphumulo

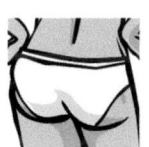

derrière

entansi

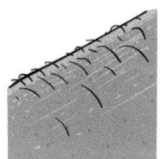

peau

sikhumba

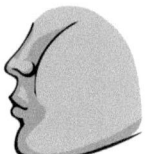

joue

sihlatsi

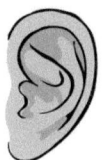

oreille

indlebe

lèvre

indzebe

bouche
....
umlomo

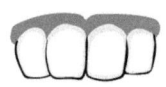

dent
....
litinyo

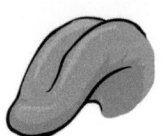

langue
....
lilimi

cerveau
....
bucopho

cœur
....
inhlitiyo

muscle
....
umsipha

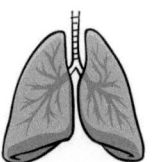

poumon
....
liphaphu

foie
....
sibindzi

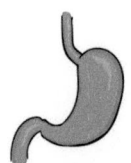

estomac
....
sisu

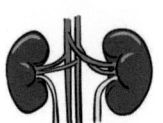

reins
....
tinso

rapport sexuel
....
kulalana

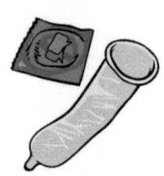

condom
....
lijazi lemkhwenyana

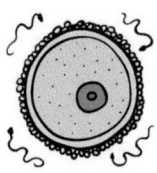

ovule
....
licandza lentalo

sperme
....
sidvodza

grossesse
....
kukhulelwa

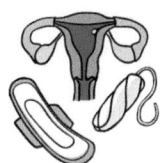

menstruation

kuya esikhatsini

vagin

ligolo

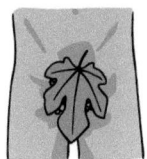

pénis

umpipi

sourcil

inkhophe

cheveux

lunwele

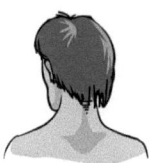

cou

intsamo

hôpital
sibhedlela

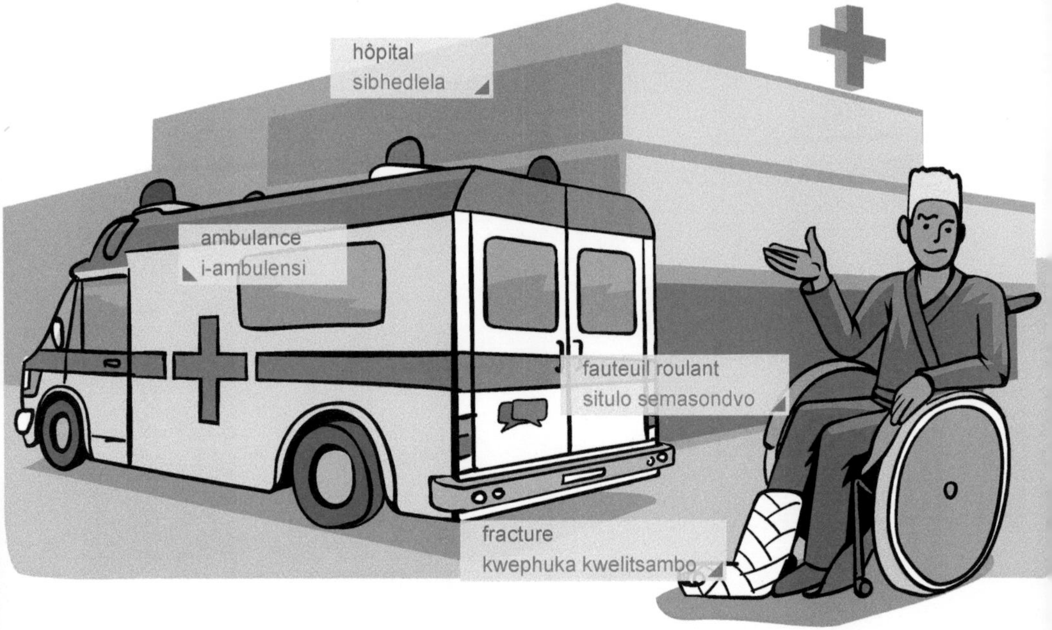

hôpital
sibhedlela
ambulance
i-ambulensi
fauteuil roulant
situlo semasondvo
fracture
kwephuka kwelitsambo

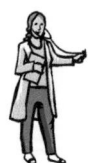

docteur

dokotela

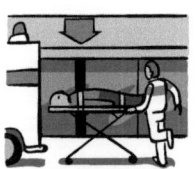

salle des urgences

ligumbi letimo letiphutfumako

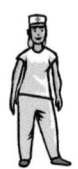

infirmier

nesi

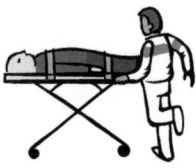

urgence

simo lesiphutfumako

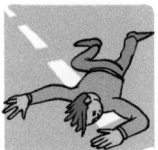

inconscient

kucaleka

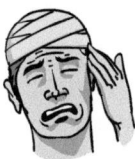

douleur

buhlungu

blessure

kulimala

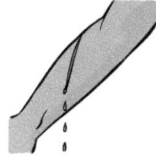

saignement

kopha

crise cardiaque

kuhlaselwa sifo senhlitiyo

AVC

kufa luhlangotsi

allergie

i-aleji

toux

kukhwehlela

fièvre

kushisa

grippe

umkhuhlane

diarrhée

kusheka

mal de tête

kubulawa yinhloko

cancer

umdlavuza

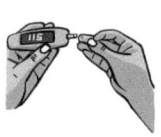

diabète

kuba nashukela

chirurgien

dokotela

scalpel

umukhwa wekusika
wabodokotela

opération

kusikwa

tomodensitométrie

i-CT

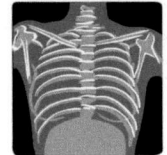

radiographie

i-x ray

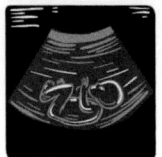

ultrason

umsindvo

masque

sifonyo

maladie

sifo

salle d'attente

ligumbi lekulindza

béquille

indvuku yekuhamba

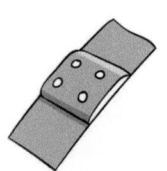

sparadrap

i-plaster

bandage

ibhandishi

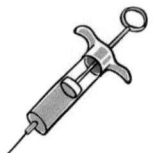

injection

umjovo

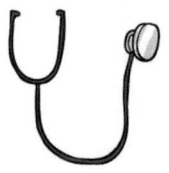

stéthoscope

lithulusi labodokotela
lekulalela inhlitiyo

brancard

luhlaka

thermomètre médical

kwekuhlola lizinga lemuntfu
lekushisa

accouchement

kutalwa

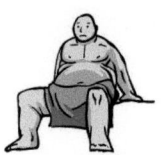

excès de poids

kunona kakhulu

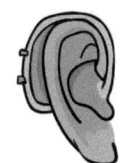

appareil auditif

tinsita tekuva etindlebeni

désinfectant

sibulali magciwane

infection

kwesuleleka ngesifo

virus

ligciwane

VIH / Sida

i-HIV / AIDS

médicament

umutsi

vaccination

kugoma

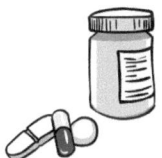

comprimés

emaphilisi

pilule

liphilisi

appel d'urgence

lucingo loluphutfumako

tensiomètre

sicaphi semfutfo wengati

malade / en bonne santé

gula / umcemane

Au secours !

Lusito!

assaut

kuhlukumeta

attaque

kuhlasela

danger

ingoti

sortie de secours

umnyango wekuphuma
nakuphutfuma

Au feu !

Umlilo

extincteur

sicishamlilo

accident

ingoti

trousse de premiers soins

ikhidi yelusito lwekucala

SOS

SOS

police

emaphoyisa

Europe

i-Europe

Amérique du Nord

iNyakatfo YeMelika

Amérique du Sud

iNingizimu YeMelika

Afrique

i-Afrika

Asie

i-Asia

Australie

i-Australia

océan Atlantique

i-Atlantic

océan Pacifique

i-Pacific

océan Indien

i-Idian Ocean

océan Antarctique

i-Antarctic Ocean

océan Arctique

i-Arctic Ocean

Pôle Nord

Ligumbi laseNyakatfo

Pôle Sud

Ligumbi laseNingizimu

Antarctique

iAntarctica

Terre

Umhlaba

terre

indzawo

mer

lwandle

île

sichingi

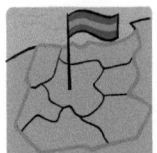

nation

sive

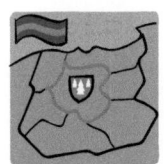

État

umbuso

cadran

buso beliwashi

aiguille des heures

li-awa

aiguille des minutes

imizuzu

aiguille des secondes

imizuzwana

Quelle heure est-il ?

sikhatsi sini nyalo?

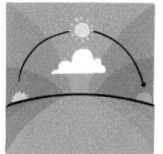

jour

lusuku

temps

sikhatsi

maintenant

nyalo

montre à affichage
numérique

liwashi lesimanjemanje

minute

umzuzu

heure

li-awa

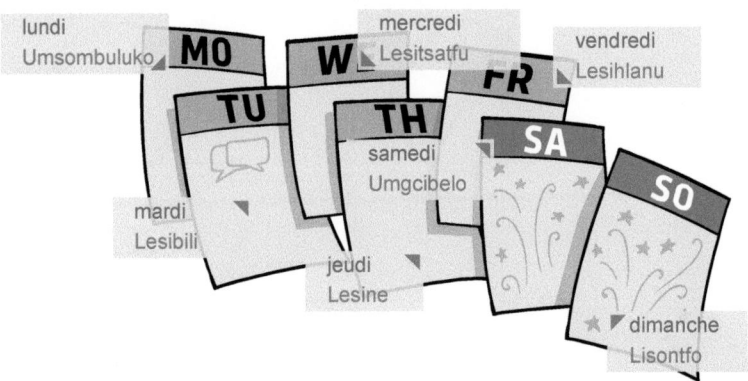

lundi
Umsombuluko

mercredi
Lesitsatfu

vendredi
Lesihlanu

mardi
Lesibili

samedi
Umgcibelo

jeudi
Lesine

dimanche
Lisontfo

hier
itolo

aujourd'hui
lamuhla

demain
kusasa

matin
ekuseni

midi
emini

soir
entsambama

jours ouvrables
emalanga emsebenti

fin de semaine
imphelasontfo

année
umnyaka

pluie
imvula
arc-en-ciel
umushi wenkhosatane
neige
umkhitsiko
vent
umoya
printemps
Intfwasahlobo
automne
Intfwasabusika
été
lihlobo
hiver
busika

4.APRIL 11°
5.APRIL 4°
6.APRIL 13°
7.APRIL 8°
8.APRIL 10°

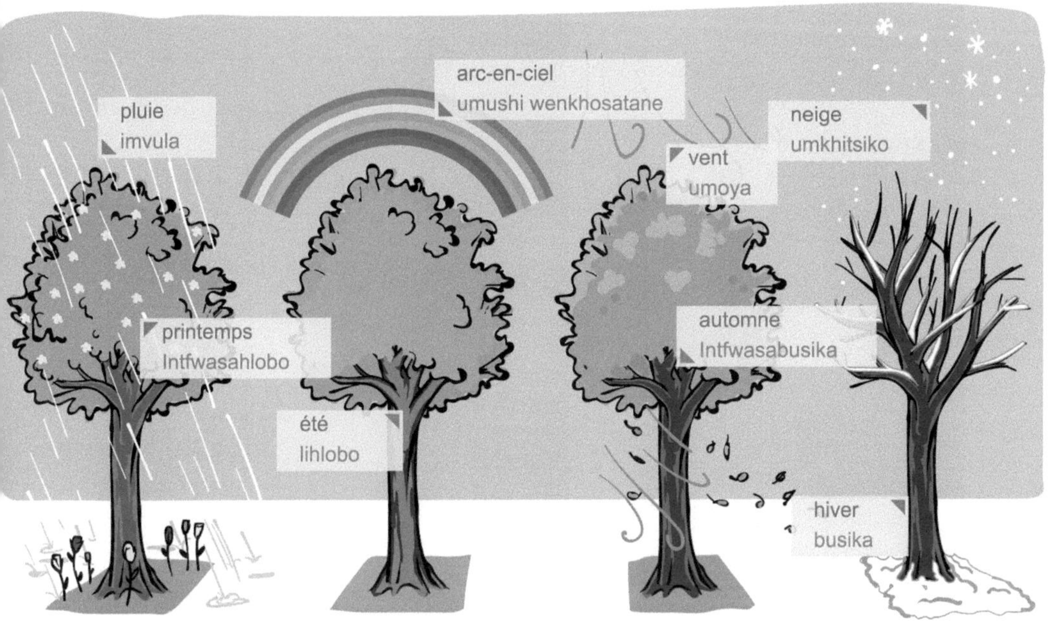

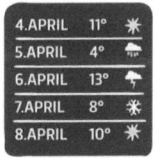

prévisions météorologiques

simo selitulo

F
C
120
90
60
30
0
-30
40
30
20
10
0
-10
-20

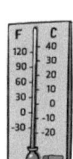

thermomètre

kwekuhlola lizinga lekushisa

rayons du soleil

kubalela

nuage

emafu

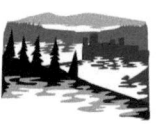

brouillard

inkhungu

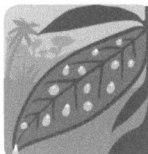

humidité

umswakamo

foudre

umbane

tonnerre

umbane

tempête

kudvuma lobunebungoti

grêle

sangcotfo

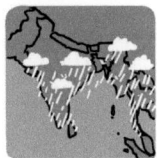

mousson

inyeti

inondation

tikhukhula

glace

lichwa

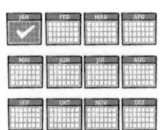

janvier

Bhimbidvwane

février

Indlovana

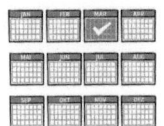

mars

Indlovulenkhulu

avril

Mabasa

mai

Inkhwenkhweti

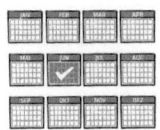

juin

Inhlaba

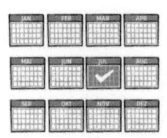

juillet

Kholwane

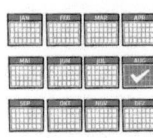

août

Ingci

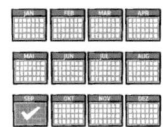

septembre
....
Inyoni

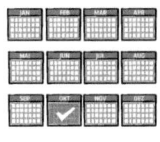

octobre
....
Imphala

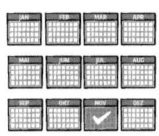

novembre
....
Lweti

décembre
....
Ingongoni

formes
kubumbeka kwetintfo

cercle
....
indingiliza

carré
....
sikwele

rectangle
....
umdvwebo lonetinhlangotsi
letindze letilinganako

triangle
....
ncantsatfu

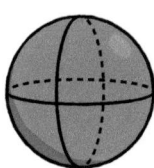

sphère
....
i-sphere

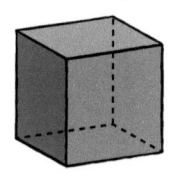

cube
....
ikhiyubhu

blanc

kumhlophe

jaune

phuti

orange

sheli

rose

kupinki

rouge

kubovu

violet

kunsomi

bleu

luhlata

vert

luhlata njengetjani

marron

loku-brown

gris

mtfubi

noir

mnyama

beaucoup / un peu

kunyenti / kuncane

en colère / calme

kutfukutsela / kwehlisa
umoya

beau / laid

buhle / bubi

début / fin

sicalo / siphetfo

grand / petit

bukhulu / buncane

lumineux / sombre

kukhanya / bumnyama

frère / sœur

bhuti / sisi

propre / sale

kuhloba / kungcola

complet / incomplet

kuphelela / kungapheleli

jour / nuit

imi / busuku

mort / vivant

kufa / kuphila

large / étroit

kubanti / kuncane

comestible / non comestible

....

lokudliwako / lokungadliwa

méchant / gentil

....

inhlitiyo lembi / umusa

être enthousiaste / s'ennuyer

....

kutsakasa / kudvumala

gros / mince

....

sidudla / umcondvo

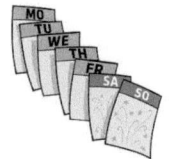

premier / dernier

....

kwekucala / kwekugcina

ami / ennemi

....

umngani / sitsa

plein / vide

....

kugcwala / kute lutfo

dur / mou

....

kucina / kutsamba

lourd / léger

....

kusindza / kulula

faim / soif

....

kulamba / koma

malade / en bonne santé

....

gula / umcemane

illégal / légal

....

kungabi semtsetfweni / kuba semtsetfweni

intelligent / stupide

....

kuhlakanipha / bulima

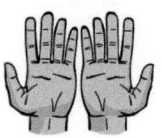

gauche / droite

....

sencele / sekudla

proche / loin

....

dvutane / khashane

neuf / usagé

lokusha / lokudzala

rien / quelque chose

kute lutfo / kunalokutsite

vieux / jeune

budzala / busha

marche / arrêt

kuyasebenta / akusebenti

ouvert / fermé

kuvulekile / kuvalekile

calme / bruyant

kuthula / umsindvo

riche / pauvre

kunjinga / kuphuya

correct / incorrect

kulungile / akukalungi

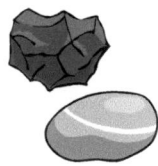

rugueux / lisse

kuyahhedla / kuyashelela

triste / heureux

kuva buhlungu / kujabula

court / long

kufishane / kudze

lent / rapide

kunwabuka / kushesha

mouillé / sec

kumanti / komile

chaud / froid

kufutfumele / kusivuvu

guerre / paix

imphi / kuthula

0

zéro

indilinga

1

un

kunye

2

deux

kubili

3

trois

kutsatfu

4

quatre

kune

5

cinq

sihlanu

6

six

sitfupha

7

sept

sikhombisa

8

huit

siphohlongo

9

neuf

yimfica

10

dix

lishumi

11

onze

lishumi nakunye

12
douze

lishumi nakubili

13
treize

lishumi nakutsatfu

14
quatorze

lishumi nakune

15
quinze

lishumi nesihlanu

16
seize

lishumi nesitfupha

17
dix-sept

lishumi nesikhombisa

18
dix-huit

lishumi nesiphohlongo

19
dix-neuf

lishumi nemfica

20
vingt

emashumi lamabili

100
cent

likhulu

1.000
mille

inkhulungwane

1.000.000
million

sigidzi

anglais
....
Singisi

anglais américain
....
Singisi saseMelika

chinois mandarin
....
SiMandarini seseShayina

hindi
....
SiHindi

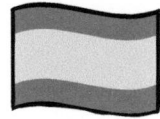

espagnol
....
Sipanishi

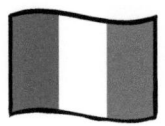

français
....
SiFulentji

arabe
....
Si-Arabu

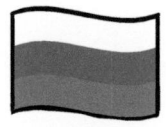

russe
....
SiRashiya

portugais
....
SiPhuthukezi

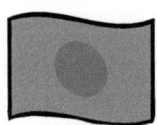

bengali
....
SiBhengali

allemand
....
SiJalimane

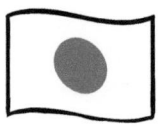

japonais
....
SiJapane

je
········
Mine

tu
········
wena

il / elle / ce, c', cela
········
yena / yona

nous
········
tsine

vous
········
nine

ils / elles
········
bona

qui ?
········
bani?

quoi ?
········
ini?

comment ?
········
njani?

où ?
········
kuphi?

quand ?
········
nini?

nom
········
libito

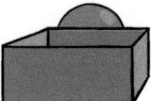

derrière
....
ngemuva

dans
....
ekhatsi

devant
....
embi kwe

au-dessus
....
ngenhla

sur
....
etulu

en dessous
....
ngephansi

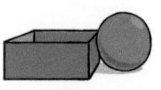

à côté de
....
ecéleni

entre
....
emkhatsini

endroit
....
indzawo